TATTOO LIFE

TATTOO LIFE

TATTOO LIFE

TATTOO LIFE

TATTOO LIFE

TATTOO LIFE

TATTOO LIFE

TATTOO LIFE

TATTOO LIFE

TATTOO LIFE

TATTOO LIFE

TATTOO LIFE

TATTOO LIFE

TATTOO LIFE

TATTOO LIFE

TATTOO LIFE

TATTOO LIFE

TATTOO LIFE

TATTOO LIFE

TATTOO LIFE

TATTOO LIFE

TATTOO LIFE

TATTOO LIFE

TATTOO LIFE

TATTOO LIFE

TATTOO LIFE

TATTOO LIFE

TATTOO LIFE

TATTOO LIFE

TATTOO LIFE

TATTOO LIFE

TATTOO LIFE

TATTOO LIFE

TATTOO LIFE

TATTOO LIFE

TATTOO LIFE

TATTOO LIFE

TATTOO LIFE

TATTOO LIFE

TATTOO LIFE

TATTOO LIFE

TATTOO LIFE

TATTOO LIFE

TATTOO LIFE

TATTOO LIFE

TATTOO LIFE

TATTOO LIFE

TATTOO LIFE

TATTOO LIFE

TATTOO LIFE

TATTOO LIFE

TATTOO LIFE

TATTOO LIFE

TATTOO LIFE

TATTOO LIFE

TATTOO LIFE

TATTOO LIFE

TATTOO LIFE

TATTOO LIFE

TATTOO LIFE

TATTOO LIFE

TATTOO LIFE

TATTOO LIFE

TATTOO LIFE

TATTOO LIFE

TATTOO LIFE

TATTOO LIFE

TATTOO LIFE

TATTOO LIFE

TATTOO LIFE

TATTOO LIFE

TATTOO LIFE

TATTOO LIFE

TIME TO GET ANOTHER TATTOO...
I MEAN JOURNAL

www.ingramcontent.com/pod-product-compliance
Lightning Source LLC
Chambersburg PA
CBHW070130240526
45468CB00002BA/760